D1875375

Der kreative Bastelschrank

Wer bastelt, braucht Material. Vielleicht haben Sie einen Platz im Schrank oder ein Regal, das Sie zum Bastelschrank umfunktionieren können. Darauf hat im besten Fall auch Ihr Kind Zugriff, damit es unbeschwert und spontan kreativ werden kann. Sie können auch im Kinderzimmer einen kleinen Mal- und Kreativtisch einrichten. Wichtig ist, dass ausschließlich unbedenkliche Materialien, Farben und Werkzeuge Ihrem Kind allein zugänglich sind.

Diese Materialien sind eine gute Grundlage zum Malen und Basteln mit Kleinkindern:

- Buntstifte, Wachsmalstifte, Fingerfarben, Tempera- und Wasserfarben mit Pinsel, Papier in DIN-A-3 und DIN-A-4, Karton in verschiedenen Farben und Größen, Tapete, Papierkinderschere
- Zum Schutz: Kittel (oder alte Eltern-Hemden), Zeitungspapier, eine Wachsdecke als Unterlage für den Tisch, evtl. eine große Folie oder Decke für den Boden oder als Stuhlschutz

Zum kreativen Ausprobieren lieben Kleinkinder auch diese Materialien:

- Leere Klorollen, Federn, Wattebäusche, Korken, Spülbürsten als Pinsel, selbstklebendes Moosgummi oder Aufkleber, Kleister, Schwämme, Kreide
- Schön im Bastelschrank sind auch kleine Sammelkisten für Muscheln, Steinchen, Knöpfe, Schnüre o. Ä., leere Umverpackungen (Käseschachteln, Bonbonschachteln etc.) für Zapfen und Herbstfrüchte (Eicheln, Kastanien etc.), Tonkartonreste, Zeitschriften, Stoffreste u. Ä.

Wichtig!

Kleine Kinder entdecken mit allen Sinnen und nehmen Dinge auch gern mal in den Mund. Lassen Sie deshalb Ihr Kind nicht mit Klebstoffen, Farben oder spitzen Gegenständen allein und achten Sie besonders darauf, für Kleinkinder unbedenkliche Materialien zu verwenden.

Unterstützung für kleine Bastler

- Schützen Sie Kleidung, Möbel und Boden mit Kitteln, Zeitungspapier oder Folien.
- Halten Sie, sofern möglich, viel Material bereit. Viele Kleinkinder malen drei Striche auf das Papier und brauchen dann ein neues Blatt. Das ist in Ordnung – vielleicht haben Sie die Möglichkeit, an altes, einseitig bedrucktes Papier zu kommen?
- Legen Sie nicht zu viele Dinge auf einmal bereit. Stellen Sie z. B. „nur" Wachsmalstifte auf den Tisch, ein anderes Mal „nur" Buntstifte. Kleinkindern genügt eine geringe Auswahl, das erleichtert ihnen die Konzentration auf eine Sache.
- Geben Sie jeweils eine Farbe auf ein Tellerchen oder in einen Becher, wenn Sie nicht möchten, dass Ihr Kind die Farben sofort mischt. Auch ein Eierkarton eignet sich gut – hier ist für jede Farbe eine Mulde frei.
- Waschen Sie die Pinsel in durchsichtigen Gläsern aus oder lassen Sie Ihr Kind die Pinsel im Waschbecken selbst säubern. So entdeckt es, wie sich das Wasser färbt und der Pinsel die Farbe wieder abgibt.

Kinderkunst schön inszeniert

- Sie hätten gern mal ein Ergebnis, das Sie aufhängen oder verschenken können, aber Ihr Kind malt immer nur braune Flächen? Werden Sie kreativ in der äußeren Form! Ein gerahmtes Kinderbild sieht gleich sehr kunstvoll aus. Schneiden Sie aus den Kinder-Farbklecksen z. B. eine Herz- oder Blumenform aus. Oder nutzen Sie ein großes Bild als Geschenkpapier. Sicher kommen Ihnen im Laufe der Zeit noch mehr kreative Ideen.
- Präsentieren und wertschätzen Sie die Werke Ihres Kindes! Stellen Sie Gebasteltes eine Weile auf die Fensterbank oder in ein Regal. Pinnen Sie die Bilder an die Wand oder den Kühlschrank, sodass jeder sie sehen kann. Auch eine gespannte Leine, an der Sie die Kinderbilder mit Wäscheklammern befestigen, ist eine schöne Idee. Und: Loben Sie Ihr Kind für alles, was es schon kann, hin und wieder auch im Beisein anderer.

Kreatives Basteln – So fördern Sie Ihr Kind

- Lassen Sie Ihr Kind selbst die Projekte aussuchen, die es umsetzen möchte.
- Kaufen Sie die Materialien gemeinsam ein, das ist schon ein anregendes Erlebnis.
- Nehmen Sie sich genügend Zeit. Kreativität entsteht nicht auf Knopfdruck.
- Bereiten Sie gemeinsam den Basteltisch vor: Ihr Kind darf Ihnen die notwendigen Materialien reichen.
- Überfordern Sie Ihr Kind nicht, verkürzen oder vereinfachen Sie das Projekt, bevor Ihr Kind frustriert ist, weil es etwas noch nicht schafft.
- Haben Sie Geduld. Ihr Kind braucht Zeit, um seine Fähigkeiten zu entwickeln.
- Seien Sie offen für die Ideen Ihres Kindes – vielleicht kann es Sie auch auf neue Ideen bringen.
- Sprechen Sie mit Ihrem Kind, stellen Sie ihm Fragen zum Prozess, zu Lieblingsfarben, zu Wünschen. Erfinden Sie gemeinsam Geschichten, indem Sie z. B. einen Farbklecks zum Leben erwecken. Besprechen Sie auch gemeinsam das Bastelergebnis.

Kreatives Basteln – Eine positive Erfahrung für Ihr Kind

Das gemeinsame Erleben sowohl der Bastelarbeit als auch des Vor- und Nachbereitens sowie die Würdigung des fertigen Objekts prägt die Erfahrungswelt Ihres Kindes:

- Es erlebt sich als kreativ, schöpferisch und selbstwirksam – das stärkt sein Selbstbewusstsein.
- Es orientiert sich an Ihrem prägenden Vorbild: Egal, ob Sie geduldig, ehrgeizig, akribisch, offen, genau oder flexibel sind – Ihr Kind richtet sich nach Ihrem Verhalten.
- Es lernt ganz nebenbei Verantwortung: Es kümmert sich darum, was alles benötigt wird, räumt die Materialien aus und wieder ein, säubert Handwerkszeug und Tisch – und auch sich selbst.

Material

Fingerfarben in Grundfarben

Blatt Papier, A3

buntes Papier, A4

Teller, ø 18 cm

Bleistift

Schere

Klebestift

Aller Anfang ist leicht

Fingerfarbe entdecken

1 Ein Erwachsener schneidet einen bunten Kreis für dich aus und klebt ihn mittig auf ein großes Blatt weißes Papier.

2 Nun bist du dran: Tauche deinen Finger in die Fingerfarbe. Jetzt darfst du damit auf das schöne Punkt-Blatt malen. Mitten drauf oder rundherum, ganz wie du magst.

3 Probiere auch andere Farben aus: Du kannst für jede Farbe einen neuen Finger nehmen – oder auch einen Finger nacheinander in alle Farben tunken. Was findest du am spannendsten?

Elterntipp

Hängen Sie das Blatt einmal an die Wand (unbedingt vorher mit Zeitungspapier schützen!). Die aufrechte Haltung ermöglicht Ihrem Kind Arm- und Bewegungsfreiheit, durch die es wunderbar große Striche malen kann. Das geht am besten mit großen, langen Pinseln.

Fingerfarbe selbst herstellen

Wenn Sie Zeit und Lust haben, können Sie Fingerfarbe auch leicht selbst machen.

Die Seifenstückchen, die Maisstärke und das Wasser zusammen bei mittlerer Hitze zum Kochen bringen. Beginnt die Masse, dicker zu werden, können Sie sie auf die verschiedenen Töpfchen verteilen und mit jeweils einer Lebensmittelfarbe vermischen. Die Fingerfarbe abkühlen lassen, dann einfach losmalen!

Zutaten

1/2 Tasse fein gehackte oder geraspelte Kernseife

1 Tasse Maisstärke

6 Tassen Wasser

verschiedene Tütchen Lebensmittelfarbe

mehrere verschließbare Töpfchen (für die fertige Fingerfarbe)

Material

Temperafarben in Grundfarben

Blatt Papier, A3

verschiedene Pinsel

(gut für Kleinkinderhände: dicke Pinsel, Pinsel mit Kugelgriff oder auch Stupfpinsel)

Kunterbunte Malerei

Malen mit Pinseln

1 Tunke deinen Pinsel in eine Farbe und bemale dein Blatt nach Lust und Laune! Du kannst Striche malen, Punkte, Kreise – alles, was du möchtest.

2 Nimm noch eine zweite Farbe dazu – auf einem neuen Pinsel oder einfach auf den gleichen. Siehst du, wie die Farben sich bunt mischen?

3 Lass dir von einem Erwachsenen das Gedicht „Farben-Gewitter“ vorlesen. Nimm ein neues Blatt Papier und male zu dem Gedicht viele Punkte, wilde Blitze oder dicke Donnerschläge. Was für ein tolles Bild!

Elterntipp

Setzen Sie drei oder mehr dicke Kleckse verschiedener Farben in die Ecken des Papiers. Beobachten Sie, was Ihr Kind damit macht. Tupft es nur vorsichtig? Verbindet es die Farben? Was zeigt es für ein Mal-Temperament?

Farben-Gewitter

Punkt, Punkt, Punkt, es regnet hier,
Punkt, Punkt, Punkt, auf mein Papier.
Strich, Strich, Strich, jetzt blitzt es sehr,
Strich, Strich, Strich, mal hin, mal her!
Bumm, bumm, bumm, es donnert laut,
bumm, bumm, bumm, die Faust, die haut!

Material

Tonkarton in Schwarz

Wachsmalstifte in verschiedenen Farben

ggf. feuchten Schwamm

Ein fröhlicher Regenbogen

Wachsmalstifte ausprobieren

1 Nimm einen Wachsmalstift und male munter los: Kreise, lange Wellen oder Striche. Probiere auch, den Stift mit beiden Händen gleichzeitig zu umfassen. Wie kannst du besser malen?

2 Drücke den Wachsstift ganz fest auf das Papier, siehst du, wie sich kleine Farbsplitter bilden?

Elterntipp

Sie können den schwarzen Karton mit einem nassen Schwamm auch leicht anfeuchten. Dann leuchten die Farben besonders schön.

Der Regenbogen-Vogel

Malen Sie einen einfachen Baum ganz rechts auf das Papier und zeichnen links einen Ast mit einem braunen Nest.

Ihr Kind lässt nun den Vogel mit verschiedenen Farben vom alten Zuhause zum Baum hin- und herfliegen. Dabei malt es jedesmal einen farbigen Bogen – so entsteht ganz leicht ein Regenbogen.

Es war einmal ein kleiner Vogel, der wünschte sich ein buntes Nest.

Er suchte sich einen schönen Baum. Dann holte er etwas gelbe Farbe, die er in seinem alten Nest gesammelt hatte. Damit flog er hinüber zu dem schönen Baum – und wieder zurück. Unterwegs verlor er ein bisschen Gelb.

Dann holte er die rote Farbe und flog hin … und her …

Danach holte er die blaue Farbe und flog hin … und her …

Dann die grüne Farbe … und flog hin… und her …

Als er fertig war, entdeckte der Vogel, dass nicht nur sein Nest wunderschön bunt war – auch der Himmel war voller Farben: Er hatte tatsächlich einen Regenbogen gemalt!

Fröhliche Krabbelkäfer

Mit den Fingerspitzen stempeln

Material

Blatt Papier, A3

Fingerfarben in Grundfarben

Filzstift in Schwarz

1 Aufgepasst, das macht richtig Spaß! Du kannst mit deinen Fingerspitzen bunte Hüpfpunkte auf das Blatt stempeln.

2 Tunke deinen Finger in eine Farbe und tupfe oder stemple einen Fingerabdruck auf das weiße Papier. Tupfe ganz oft und mit verschiedenen Farben!

3 Am Schluss kann dir ein Erwachsener dabei helfen, deine Hüpfpunkte in kleine Käfer oder lustige Monster zu verwandeln. Siehst du, wie es auf deinem Blatt krabbelt?

Elterntipp

Rahmen Sie das Bild gemeinsam ein. Sie können auch vorher noch ein schönes Gedicht oder einen Spruch (Kindermund) auf transparentes Papier schreiben und über das Bild legen. Das ist auch ein hübsches Geschenk!

Klitzekleiner Käferreim

Diese flinken Beine sind
für das kleine Käferkind.

An den Kopf mal ich sodann
hübsche kleine Fühler dran.

Jetzt noch Kreise, kugelrund,
ganz egal, ob schwarz, ob bunt.

Und am Ende mal ich dir
viele Freunde aufs Papier!

Elterntipp

Probieren Sie auch mal andere Formen aus. Eine leere Umverpackung aus Karton eignet sich z. B. gut für Vierecke, einfach Deckel abschneiden und losstempeln. Auch andere Stoffe lassen sich gut bedrucken, wie wäre es z. B. mit einer kleinen Baumwolltasche?

Schicke Tücher

Klorollen-Stempelei

1 Gib zusammen mit einem Erwachsenen etwas Textilfarbe auf die Pappteller. Leg das Tuch vor dich auf den Tisch, am besten schön glatt. Wenn es leicht verrutscht, könnt ihr es mit ein bisschen Klebeband befestigen.

2 Nun tunkst du die Klopapierrolle mit einem Ende in eine Farbe und drückst sie dann einfach auf das Tuch. Es entsteht ein bunter Kreis.

3 Stemple viele Kreise auf dein Tuch. Nebeneinander oder auch übereinander. Versuche auch eine neue Farbe.
Wie viele Kreise möchtest du auf das Tuch drucken?

4 Wenn du fertig bist, lässt du das Tuch trocknen (dauert etwa 6 Stunden). Danach muss ein Erwachsener es bügeln (von der Rückseite, ohne Dampf), damit die Farben schön fest im Stoff haften. Aber dann kannst du es endlich tragen! Wie sieht dein Tuch aus? Bist du ein Pirat? Oder Rotkäppchen?

Material

- Textilfarben in verschiedenen Farben
- Baumwollkopftuch, einfarbig
- 2-3 leere Klopapierrollen
- flacher Pappteller
- Zeitungspapier
- Bügeleisen
- ggf. Klebeband

Material

Blatt Papier, A3 oder ein Stück Tapete

Spielzeugautos mit grobem Reifenprofil

Temperafarben in verschiedenen Farben

flache Pappteller

Flinker Flitzer

Farbige Reifenspuren

1 Als Erstes gibst du zusammen mit einem Erwachsenen Farbe auf die flachen Teller. Welche Farben sollen deine Reifenspuren bekommen?

2 Nun kannst du dein Auto vorsichtig in die Farbe tunken. Schiebe es langsam über dein Papier oder lass es schnell flitzen. Siehst du, was passiert? Genau, eine schöne Spur entsteht!

3 Hast du noch mehr Autos? Dann nimm noch andere Farbe dazu. Kreuz und quer kannst du die Autos auf deinem Bild fahren lassen! Bald hast du ein kunterbuntes Spurenbild.

Elterntipp

Die Autos lassen sich natürlich wieder reinigen, am einfachsten recht bald nach dem Benutzen – aber vielleicht wählen Sie dennoch nicht die liebsten oder teuersten Stücke aus. Und natürlich keine mit Batterien o. Ä.

Was ist das?

Brumm, brumm, brumm,
auf Straßen fahr ich rum.
Blitzeschnell flitz' ich dahin –
rate mal, wer ich wohl bin?
(Auto)

Tschu, tschu, tschu,
am Ziel bin ich im Nu.
Auf Schienen flitze ich dahin –
Rate mal, wer ich wohl bin?
(Zug)

Tatü-tatü-tata,
ganz schnell bin ich da.
Mit Blaulicht flitze ich dahin –
Rate mal, wer ich wohl bin?
(Feuerwehr oder Polizei)

Material

Malseife in verschiedenen Farben

(im Drogeriemarkt erhältlich, z. B. von tinti)

Malerei mit Malseife

Farbe fühlen

1 Mit Malseife kann man herrlich malen! Nimm etwas Malseife auf deine Finger und Hände und verreibe sie. Wie fühlt sich das an?

2 Nun kannst du loslegen: Draußen oder in der Badewanne kannst du deinen ganzen Körper anmalen – natürlich ohne Kleidung. Ein bunter Nasenpunkt, Striche auf die Beine, Kreise auf den Bauch – mach dich hübsch.

3 Wenn ihr eine Dusche habt, kannst du auch die Duschtür oder die Fliesen in der Dusche anmalen: Stelle dich in die Dusche (am besten ohne Kleidung) und mal rund um dich herum! Hier darfst du richtig schmieren! Am Ende kannst du dann alles mit dem Duschkopf wieder abbrausen.

Elterntipp

Halten Sie die „Kunstwerke" fotografisch fest! Lassen Sie Ihr Lieblingsfoto auch auf ein Handtuch oder einen Waschlappen drucken, dann kann Ihr Kind sich immer wieder an den Maltag erinnern!

Malseife selbst herstellen

Zuerst reibt ein Erwachsener die Seife auf der Küchenreibe. Dann verteilt ihr die geraspelte Seife auf zwei Schüsseln.

Jetzt kannst du zusehen, wie dein erwachsener Mitbastler jeweils 60 ml kochendes Wasser in die Seifenraspeln rührt. Danach kommt das erwärmte Babyöl dazu – am besten alles mit einem Stabmixer vermischen.

Nun wird das Babyshampoo portionsweise eingerührt, bis ihr die gewünschte, cremige Konsistenz erreicht - die Malseife sollte die Konsistenz von Fingerfarbe haben.

Füllt die Malseife in kleine Töpfchen und färbt sie mit etwas Lebensmittelfarbe ein.

Zutaten

Seifenstücke (Babyseife, reizarme Seife)

Babyöl

Babyshampoo

Lebensmittelfarben

Wasser

Herd oder Mikrowelle

Zauberstab (Stabmixer)

Plastikbehälter mit Deckel

Küchenreibe

kleine Becher mit Deckel

Material

Pappkugeln mit Aufhängung, ø 7 cm

Fingerfarben in verschiedenen Farben

flache Pappteller

Bunt und kugelrund

Mit Farbe „begreifen"

1 Such dir eine Farbe aus, mit der du beginnen willst. Nun nimmst du ein bisschen Farbe auf den Zeigefinger. Vielleicht auch auf den Daumen und die anderen Finger? Du kannst die Farben auch zwischen den Händen matschen.

2 Sind die Hände richtig schön voll Farbe? Dann greifst du jetzt nach der Pappkugel. Nimm sie von einer Hand in die andere. Was passiert? Wie fühlt sich die runde Form in deinen Händen an?

3 Nimm auch andere Farben auf die Finger. Betupfe mit deinen Fingerspitzen oder Handflächen die Kugel oder drehe die Kugel in der Hand – bis sie so bunt ist, wie du es besonders schön findest!

Elterntipp

Probieren Sie auch andere Dinge aus, die Ihr Kind schön „begreifen" kann: Klorollen, Pappteller, Wäscheklammern, bestimmt fällt Ihnen noch viel mehr ein!

Lustiges Fingerspiel

Wackeln Sie gemeinsam mit Ihrem Kind zunächst mit allen Fingern. Dann deuten Sie auf die einzelnen Finger, die Ihr Kind hochhält. Es kann dann (mit Ihrer Hilfe) die Farben am jeweiligen Finger benennen. Vielleicht ist auch einfach jeder Finger „bunt"?

Schau doch mal, die bunten Dinger,
wem gehören diese Finger?
Der Daumen, der ist heute …
Schön!
Der Zeigefinger, der ist …
Schön!
Der Mittelfinger, der ist …
Schön!
Der Ringfinger, der ist …
Schön!
Und der kleine Finger, der ist …
Schön!

Elterntipp

Auch dieses Kunstwerk bietet sich wunderbar zur „Inszenierung“ von Kinderkunst an, probieren Sie es aus.

Wer klopft denn da?

Bunte Punkte hämmern

1 Hier wird nicht mit Nägeln, sondern mit Farbe gehämmert! Zuerst klebst du zusammen mit einem Erwachsenen verschiedene Materialien wie Wellpappe, Raufasertapete oder Schleifpapier auf die Hämmerchen. Eins lässt du wie es ist.

2 Gib etwas Farbe auf die Teller. Nun darfst du einen Hammer in die Farbe tunken und dann auf das Papier hämmern. Versuche es erst vorsichtig, dann richtig mit Schwung!

3 Probiere die verschiedenen Hämmerchen aus. Wie sehen deine „gehämmerten“ Muster aus? Nimm auch unterschiedliche Farben.

4 Du kannst ein wildes Punktebild machen oder auch eine lange Linie – das könnte dann z. B. eine Raupe sein.

Material

Blatt Papier, A3

Temperafarben in verschiedenen Grundfarben

mehrere kleine Hammer, z. B. Spielzeughammer

Wellpappe, Raufasertapete oder grobes Schleifpapier

flache Pappteller

Material

Gips oder Modelliergips

Lebensmittelfarbe

mehrere kleinere Eimer oder alte Marmeladengläser

alte Löffel

Gummiband

leere Klorollen

Alufolie

Straßenmalerei

Kreide kennenlernen

und selbst herstellen

1 Gemeinsam mit einem Erwachsenen füllst du 200 ml Wasser in einen kleinen Eimer und schüttest das Gipspulver hinzu (immer zuerst den Gips ins Wasser geben, nie umgekehrt!).

2 Nun musst du fleißig und rasch kräftig umrühren!

3 Jetzt gebt ihr etwas Lebensmittelfarbe hinzu und du rührst wieder um. Kannst du sehen, wie der Gips sich verfärbt?

4 Der Erwachsene gibt dir einen Streifen Alufolie (ca. 30 cm lang), den du einmal faltest. Stellt nun die Klopapierrolle auf die Folie, drückt die Folie rundherum fest und macht noch das Gummiband herum. Jetzt könnt ihr oben den Gips einfüllen.

5 Die Klopapierrolle weicht auf, sodass du sie nachher abziehen kannst – aber erst, wenn der Gips ganz hart ist! Dann kannst du auch endlich mit deiner Kreide malen!

Elterntipp

Natürlich können Sie auch einfach Straßenkreide kaufen, wenn Sie gleich loslegen wollen.

Wir malen das große weite Meer

Malen Sie mit Ihrem Kind die Wellen mit großen Armschwüngen. Dann malen Sie Fischumrisse, die Ihr Kind ausfüllen kann. Für einen Kraken können Sie die Beine gemeinsam malen: Führen Sie zusammen lange Bewegungen aus. Schnecken sind einfache kleine Spiralen – das kann Ihr Kind vielleicht schon allein?

Im großen, weiten Meer, da gibt es hohe Wellen!
Darunter schwimmen dicke Fische und kleine Fische.
Dort lebt auch ein riesiger Krake mit acht langen Armen.
Und auf dem Meeresboden wohnen viele kleine bunte Schnecken.
Schau, dort oben schwimmt sogar ein kleines Schiff – wer sitzt darin? Du?

Elterntipp

Diese Spritztechnik macht Spaß, ist aber noch recht schwierig für kleine Finger – daher entstehen keine feinporigen Sprühgemälde, sondern eher wilde Tropf-Pfütz-Bilder. Aber sicher haben Sie gemeinsam eine Menge Spaß dabei!

Tropf-Spritz-Pfütz-Bilder

Mit Farbe spritzen

1 Fülle in ein Plastikgefäß etwas Wasser. Nimm mit einem feuchten Pinsel mehrer Male Wasserfarbe auf und gib sie in das Wasser.

2 Nun nimmst du die Zahnbürste und tunkst sie in die verdünnte Farbe.

3 Probiere aus, wie die Farbe von der Bürste auf das Blatt gelangen kann. Du kannst mit der Zahnbürste wie mit einem Pinsel malen. Oder du streichst mit den Fingern über die Zahnbürste – ganz nah über dem Blatt. Das spritzt!

4 Du darfst wild auf dem Blatt herumspritzen und -malen. Nimm auch verschiedene Farben.

5 Wenn du möchtest, kannst du z. B. auch ein ausgeschnittenes Herz auf das Papier legen und drumherumspritzen. Ein Erwachsener sollte das Herz mit etwas ablösbarem Klebeband auf dem Papier fixieren, damit nichts verrutscht. Nach dem Spritzen nimmst du das Herz weg – und schau, das Papier darunter ist ganz weiß!

Material

weißes Papier, A3

Wasserfarbe

Zahnbürste

kleine Plastikgefäße

ggf. Formen (Stern, Herz, Blatt), z. B. aus Papier ausgeschnitten

ggf. Klebefilm, den man von Papier lösen kann

Tapetenmalerei

Ein Farb-Kunstwerk rollen

Material

Temperafarben in verschiedenen Farben

Schaumstoffrollen aus dem Baumarkt

flache Pappteller

Papierrolle bzw. Tapetenrolle

Gummibänder

Paketschnur

Schere

1 Zusammen mit einem Erwachsenen kannst du die Schaumstoffrollen mit Gummibändern oder Paketschnur umwickeln. Oder ihr schneidet mit einer Schere kleine Stücke aus dem Schaumstoff heraus. So kannst du ganz verschiedene Muster rollen.

2 Gib etwas Farbe auf die Pappteller. Walze dann deine Rolle in der Farbe herum.

3 Nun darfst du mit der Rolle auf der Tapete entlangfahren. Hui, was für lange Bahnen du rollen kannst!

3 Du kannst kreuz und quer malen und Wege übereinander fahren lassen. Versuche auch Schleifen oder Punkte. Kannst du Muster in deinen Farbflächen erkennen?

4 Mit einem Erwachsenen kannst du die Rolle mit einer Seite in eine Farbe tauchen und mit der anderen in eine neue Farbe. Nun malst du zwei farbige Streifen!

Elterntipp

Bei dieser Aktion liegt das Papier am besten auf dem Boden, damit Ihr Kind viel Bewegungsfreiheit hat!

Wer will fleißige Handwerker seh'n

Wer will …

Hin und her,

hin und her,

der/die (*Name des Kindes*) mag das Rollen sehr!

Wer will …

Auf und ab,

auf und ab,

der/die (*Name des Kindes*),

der/die macht niemals schlapp!

Elterntipp

Kinder lieben es, richtig in die Farbe zu greifen und damit zu matschen. Mit Kleister kann man günstig eine große Menge Farbe herstellen, z. B. in einem Eimer. Dann kann eine größere Leinwand oder eine lange Tapete gestaltet werden!

Tubenmalerei

Mit Kleisterfarbe gestalten

1 Rühre zusammen mit einem Erwachsenen Kleister in einem Eimer nach Gebrauchsanleitung an und lass den Kleister eine Zeitlang stehen, damit er eindicken kann.

2 Nun füllt ihr in zwei kleine Eimer jeweils etwas Kleister.

3 Schütte in jeden Eimer ein bisschen Lebensmittelfarbe, z. B. einmal Rot und einmal Blau. Rühre kräftig um.

4 Nun darfst du den Trichter halten, während der Erwachsene den bunten Kleister in die Tube füllt. Achtung: Der Tubendeckel muss zugedreht sein! Der Erwachsene schließt die Tube nun mit dem Gefrierverschluss.

5 Jetzt kann es losgehen: Schraube den Deckel einer Tube ab und drücke kräftig die Kleisterfarbe auf die Leinwand. Verwische und verschmiere den Kleister. Probiere auch verschiedene Pinsel aus.

6 Besonders schöne Muster entstehen, wenn du die Farbe mit Kämmen auf der Leinwand verteilst. Schau, was für ein Künstler in dir steckt.

Material

- Leinwand
- Tapetenkleister
- 2-3 El Lebensmittelfarbe in Pulverform in verschiedenen Farben
- Wasser
- mehrere (geleerte und hinten aufgeschnittene) Zahnpastatuben aus Plastik
- Plastikgefrierbeutelverschlüsse
- alter Schneebesen
- mehrere kleine Eimer oder Joghurtbehälter mit Deckel
- Trichter
- Kämme

Material

Tapetenrolle
Fingerfarben
dicke Pinsel
3-4 flache Pappteller oder Schalen
Gefäß mit Seifenwasser
Handtuch
wieder ablösbarer Sprühkleber
evtl. Zutaten für Fingerfarbe

Kunterbunte Schritte

Farbe erfahren

1 Legt die Tapete auf den Boden. Am besten draußen auf das Gras – oder ihr müsst den Fußboden schützen bzw. hinterher wieder wischen.

2 Setz dich auf den Po. Ein Erwachsener taucht nun den Pinsel in die Farbe und malt damit dick deine Fußsohlen an. Kitzelt das? Nun darfst du rasch über die Tapete laufen. Eine Spur entsteht!

3 Du kannst auch den Fuß einfach direkt in die Farbe setzen und dann loslaufen. Oder dir selbst die Füße anmalen. Vielleicht bekommen die Zehen eine andere Farbe als die Fußsohle?

4 Probiere auch mal aus, mit deinen Händen Spuren zu machen oder zu laufen!

Elterntipp

Wenn Sie die Papierbahn auf der Rückseite mit ablösbarem Sprühkleber einsprühen und sie im Kinderzimmer hochkant an die Wand kleben, sieht es so aus, als wäre jemand die Wand hoch gelaufen!

Kicher-Kullerbild

Kullerspuren stupsen

1 Lege die Kochlöffel an die Ränder des Papiers. So fallen die Kugeln nicht vom Tisch herunter. Gib etwas Farbe auf einen flachen Pappteller.

2 Nun setzt du dich mit einem Mitspieler jeweils auf die gegenüberliegende Seite des Blattes. Tunkt die Kugeln in die Farbe und stupst sie euch hin und her – vielleicht klappt sogar Pusten?

3 Es entstehen immer neue Linien! Probiert auch verschiedene Farben aus, dann wird das Bild ganz bunt.

Material

Blatt Papier, A3

Temperafarbe in verschiedenen Farben (ggf. mit etwas Wasser verdünnen)

Holzkugeln, ø mind. 3 cm (sonst Verschluckgefahr)

2 Kochlöffel oder dünne Holzlatten, ca. 50 cm lang

Elterntipp

Pusten ist schwierig, aber gut für die Mundmotorik! Auf jeden Fall macht es sehr viel Spaß …

Material

- Tapetenrolle
- Temperafarbe
- flache Pappteller
- dicker Filzstift
- Spülbürste
- Schwamm
- Schaumstoffrollen aus dem Baumarkt
- Stupfpinsel

Das bin ich!

Den eigenen Umriss gestalten

1 Zuerst musst du dich auf dem Boden auf die Tapete legen. Ein Erwachsener zeichnet jetzt um dich herum deinen Umriss. Schön stillhalten! Wenn du aufstehst, kannst du dich selber sehen: Das bist du.

2 Gib etwas Farbe auf die Pappteller. Am besten, du hängst die Tapete mit deinem Umriss an die Wand oder eine Tür.

3 Tunke nun die Spülbürste in die Farbe – und leg los: Mal dich bunt an! Du kannst wischen, streichen, tupfen, mit einer Farbe oder vielen Farben – kunterbunt! Probiere auch Pinsel, Schwämme oder Schaumstoffrollen aus.

4 Wenn du fertig bist, muss dein Bild trocknen. Dann kann dein erwachsener Mitbastler es ausschneiden. Und wohin wollt ihr es kleben? Vielleicht an deine Zimmertür?

Grün, grün, grün sind alle meine Pinsel

(Melodie: Rot, rot, rot sind alle meine Kleider)

Rot, rot, rot sind alle meine Pinsel,
rot, rot, rot wird alles, was ich mal!
Schwamm und Rolle, Bürste oder Korken,
heute mal ich immer nur mit Rot!

Grün, grün, grün sind alle meine Pinsel,
grün, grün, grün wird alles, was ich mal!
Schwamm und Rolle, Bürste oder Korken,
heute mal ich immer nur mit Grün!

Material

Blatt Papier, A4 oder A3
Buchstützen oder Staffelei
Wasserfarben
2-3 Pinsel
2 Wasserbehälter

Kunterbunte Tropfen

Fließende Bilder malen

1 Leg dein Papier auf die Buchstütze. Als Nächstes machst du deinen Pinsel richtig nass und tunkst ihn kräftig in eine Farbe, bis er tropft. Dann tauchst du den Farbpinsel in einen der Wasserbehälter. So bekommst du schön flüssige Farbe, die gut tropfen und fließen kann.

2 Nun setzt du mit dem Pinsel ganz oben auf das Blatt dicke Punkte. Diese laufen dann einfach das Bild herunter.

3 Wasch den Pinsel in einem zweiten Wasserbehälter aus und nimm eine andere Farbe. Du kannst Punkte nebeneinander setzen, oben oder unten oder in die Mitte auf das Papier.

4 Wenn du einige Linien hast, leg das Papier mal quer auf die Buchstütze und tropfe noch mehr Wasserstraßen hinzu. So entsteht ein hübsches Karobild!

Elterntipp

Wenn Sie das Bild später laminieren (lassen), können Sie es als Tischset nutzen!

Aus alt mach neu

Auf Stoff malen

Material

Jeansstoff
(z. B. alte Jeanshose)

Textilfarben in verschiedenen Farben

2-3 Pinsel

flache Pappteller

Bügeleisen zum Fixieren der Farbe

Klebeband

Schere

Kinder-T-Shirt

Nähmaschine oder Nadel und Faden

Stecknadeln

1 Ein Erwachsener hilft dir, eine rechteckige oder eine runde Form von ca. 20 cm x 30 cm aus der Jeans zu schneiden. Ihr könnt den Stoff mit Klebeband auf dem Tisch fixieren, damit er beim Malen nicht wegrutscht.

2 Gebt etwas Textilfarbe auf einen Pappteller. Nun darfst du los-legen: Tauche den Pinsel in die Farbe und male. Was entdeckst du? Ist es schwieriger, als auf Papier zu malen? Sehen die Farben anders aus?

3 Wenn du fertig bist, lässt du den Stoff trocknen. Dein erwachsener Mitbastler fixiert die Farbe später mit dem Bügeleisen.

4 Nun kannst du dein „Bild" aufhängen – oder es in einen Bilderrahmen stecken!

Elterntipp

Das Stoffstück können Sie auch als „Applikation" auf einem Pulli oder einer Jacke befestigen – oder eine Kindergartentasche daraus nähen.

Der Zappel-Pinsel

Es war einmal ein Pinsel, der malte so gern! Grün, gelb, blau und am allerliebsten rot. Er malte auf Papier, auf Pappe, auf Hände, auf Tische – halt, kleiner Pinsel! Man darf doch nicht auf Tische malen! Nur auf Papier!

Na gut, dann malte der Pinsel wieder auf Papier.

Aber heute darf der kleine Pinsel etwas ganz Besonderes. Er darf auf Stoff malen! Ui! Merkst du, wie er zappelt und sich freut? Los geht's!

Elterntipp

Im Bastelgeschäft gibt es viele Holz- und Pappformen zum Anmalen: Klebefilmabroller, Osterhasen, Teelichthalter, Nikoläuse, Herzen, Sterne und Vieles mehr. Suchen Sie gemeinsam mit Ihrem Kind etwas aus.

Geschenke für Oma, Papa, Onkel …

Alles wird bunt

1 Such dir etwas aus, das du verschenken möchtest, vielleicht eine Schachtel oder einen Blumentopf?

2 Gib verschiedene Farben auf die flachen Pappteller (oder in eine Eierschachtel). Tauche deinen Pinsel hinein. Am besten, du hast für jede Farbe einen Pinsel.

3 Nun male dein Geschenk an. Wie soll es werden? Rot, blau? Oder vielleicht ganz kunterbunt?

4 Du kannst die Farbe auch erst einmal trocknen lassen und am nächsten Tag noch Punkte dazu malen, Glitzersteine aufkleben oder einen Namen draufschreiben – lass dir dabei von einem Erwachsenen helfen. Was fällt dir noch ein?

Material

Temperafarbe (für Holz, Blumentontöpfe und Pappe)
oder Acrylfarbe (für glatte Untergründe, z. B. Kunststoff, Aluminium etc.)

verschiedene Pinsel

flache Pappteller

Gegenstände zum Anmalen (z. B. Schachteln, Blumentöpfchen o. Ä.)

evtl. Klarlack zum Fixieren (für Geschenke, die wasserfest sein müssen)

Hier sitze ich!

Einen Stuhl anmalen

Material

Kinderstuhl oder Küchenstuhl aus Holz

Temperafarbe in verschiedenen Farben

feines Schleifpapier

Klarlack, seidenmatt

2-3 Flachpinsel

Zeitungspapier

1 Ihr braucht einen abgeschliffenen Holzstuhl, den ihr sauber abwischt.

2 Male den Stuhl zunächst komplett in einer Farbe an. Welches ist deine Lieblingsfarbe? Male den ganzen Stuhl an, auch von unten und in den Ecken. Wenn ein paar Farbnasen herunterlaufen, macht das gar nichts.

3 Nun muss der Stuhl mindestens einen Tag lang trocknen. Danach kannst du anfangen, ihn zu verzieren: Setze Tupfen, Striche, Kreise darauf, mache Handabdrücke oder schreibe mit Hilfe des erwachsenen Mitbastlers deinen Namen darauf.

4 Lass den Stuhl wieder einen Tag trocknen. Dann muss ein Erwachsener ihn mit Klarlack einsprühen, das schützt die Farben.

5 Wenn der Stuhl nach einem oder mehreren Tagen endlich ganz trocken ist, kannst du darauf sitzen – auf deinem ganz eigenen Stuhl!

Elterntipp

Ihr Kind kann auch beim Anschleifen schon prima mithelfen – probieren Sie es aus! Natürlich können Sie den Stuhl auch selbst zuerst in einer Farbe grundieren, damit Ihr Kind gleich mit dem bunten Gestalten loslegen kann.

Thronspiel

Kleinere Kinder kennen eventuell noch nicht alle Farben oder finden das Spiel zu schwierig. Dann dürfen sie als Könige zuschauen, um welche Farbe es geht und danach bei jedem Kind das Kleidungsstück zeigen, das (z. B.) rot ist.

Ein Kind ist der König und sitzt auf dem Thron.
Es muss sich kurz umdrehen oder die Augen gut zuhalten.
Ein anderes Kind deutet nun auf sein Kleidungsstück,
z. B. eine rote Hose. Alle Kinder, die diese Farbe
auch an sich tragen, dürfen sitzen bleiben.
Die anderen müssen aufstehen.
Der König muss nun raten, um welche Farbe es geht.
Rät er richtig, wählt er einen Nachfolger aus.
Rät er falsch, ist er noch einmal dran.

Spritziges Riesenbild

Farbiger Sprühregen

1 Binde ein großes weißes Tuch mit einer Schnur zwischen zwei Bäume oder hänge es an eine Wäscheleine.

2 Nun füllst du Wasser in die gut ausgespülten Sprühflaschen.

3 Schütte in jede Flasche eine andere Farbe. Schraube den Sprühdeckel auf und schüttle die Flasche kräftig.

4 Nun kannst du das Laken mit den Farben besprühen. Viel Spaß dabei!

Material

- altes Leintuch oder Stoffrest
- leere Sprühflaschen
- Lebensmittelfarben oder Badefarben
- etwas Schnur oder Wäscheklammern zum Befestigen

Elterntipp

Ihr Kind kann sich auch im Badeanzug auf das Laken legen und Sie sprühen um das Kind herum. Denken Sie aber daran, die Augen und das Gesicht gut zu schützen, damit keine Farbe daran kommt. Am besten, Ihr Kind legt sich auf den Bauch und hält sich ein Tuch vor die Augen!

Belohnungsbasteln: Sie basteln für Ihr Kind!

Farbkrone

Material

Fingerfarbe in verschiedenen Farben
Fotokarton in Weiß, A3
Pinsel
Bastelkleber

Wer so fleißig und mit so viel Begeisterung gemalt hat wie Ihr Kind, hat eine Belohnung verdient. Loben Sie Ihr Kind und küren es zum Farbkönig bzw. zur Farbkönigin.

1 Schneiden Sie den Fotokarton längs in zwei Streifen.

2 Verteilen Sie auf einem Streifen kleine Farbkleckse. Klappen Sie den Streifen zusammen und drücken Sie beide Seiten aufeinander.

3 Dann den Streifen wieder aufklappen und trocknen lassen.

4 Den zweiten Streifen Fotokarton benötigen Sie für die Kronenspitzen: Bemalen Sie die Handflächen Ihres Kindes mit Farbe. Es darf nun Abdrücke von seinen Händen auf den Karton drücken.

5 Wiederholen Sie dies mit verschiedenen Farben (am besten, Ihr Kind wäscht die Hände zwischendurch). Lassen Sie alles trocknen.

7 Schneiden Sie vom ersten Streifen ein ca. 4 cm breites Stück ab und passen es von der Länge an den Kopfumfang Ihres Kindes an. Kleben Sie die Enden zusammen, sodass ein Ring entsteht.

8 Schneiden Sie die Handabdrücke aus und kleben Sie diese am Ring fest, sodass die Finger wie Kronenspitzen hochstehen. Nun können Sie Ihr Kind zum Bastelkönig oder zur Bastelkönigin krönen!